Petits
ou gros ?

Directrice de collection : Denise Gaouette

rlene Block

Table des matières

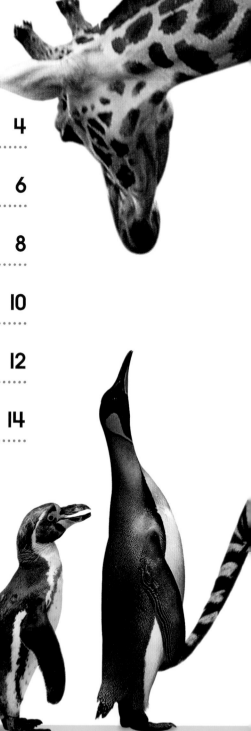

Les animaux peuvent avoir
des tailles différentes.

Les grenouilles

la mantella verte ▼

Cette grenouille est petite.

▼ la grenouille taureau

Cette grenouille est grosse.

Les chauves-souris

la pipistrelle ▼

Cette chauve-souris est petite.

le renard volant

Cette chauve-souris est grosse.

Les chiens

le chihuahua ▼

Ce chien est petit.

◀ le grand danois

Ce chien est gros.

Les pingouins

le manchot pygmée

Ce pingouin est petit.

le manchot royal ▼

Ce pingouin est gros.

Les requins

le requin chabot

Ce requin est petit.

le requin baleine

Ce requin est gros.

Les chevaux

le cheval miniature ▼

Ce cheval est petit.

Ce cheval est gros.

Les animaux peuvent avoir des tailles différentes.